승부사의 인생을 사는
당신에게 드립니다.

_____ 님께

_____ 드림

골리앗 앞에 선 다윗처럼
승부사 인생을 살라!

승부사
인생

| 丁恩柱 牧師 지음 |

LIFE OF A
WINNER

가스펠 북스

차례

1강

믿음의
승부사

다윗이 블레셋 사람에게 이르되 너는 칼과 창과 단창으로 내게 나아

오거니와 나는 만군의 여호와의 이름 곧 네가 모욕하는 이스라엘 군

대의 하나님의 이름으로 네게 나아가노라

오늘 여호와께서 너를 내 손에 넘기시리니 내가 너를 쳐서 네 목을

베고 블레셋 군대의 시체를 오늘 공중의 새와 땅의 들짐승에게 주어

온 땅으로 이스라엘에 하나님이 계신 줄 알게 하겠고

또 여호와의 구원하심이 칼과 창에 있지 아니함을 이 무리에게 알게

하리라 전쟁은 여호와께 속한 것인즉 그가 너희를 우리 손에 넘기시

리라

−사무엘상 17:45−47

들어가는 말

　이번 새벽기도의 첫 번째 제목은 '믿음의 승부사'입니다. 그리고 이 말씀의 주인공은 다윗입니다. 여러분도 이번 말씀을 통해 '영적 다윗이 되게 해주소서.' 하고 기도하는 시간이 되길 바랍니다.

　이번 새벽기도를 통해 생각해야 할 것은 바로 '스케일'입니다. 스케일이라는 단어를 여러분 가슴속에 꽉 심으시길 바랍니다. 스케일(Scale)이란 일이나 계획의 규모를 말하는데, 이 스케일을 하나님의 기준에 맞추느냐 내 기준에 맞추느냐에 따라 인생이 달라집니다. 사람이 원래 갖고 태어나는 스케일에는 큰 차이가 없습니다. 그러나 여러분이 믿음으로 인생을 사느냐 그렇지 않느냐에 따라 그 사람의 생각의 스케일은 분명 달라집니다. 생각이 다르고 대화가 다릅니다. 하나님의 스케일을 가지고 말하는 사람과 자기 수준의 스케일을 가지고 말하는 사람은 서로 대화가 되지 않습니다. 영적 소통이 되지 않기 때문입니다.

한 달에 내가 얼마를 벌고 얼마를 써야 한다는 생각에 박혀 그 생각만 하고 있는 사람은 교회에 나와서도 하나님의 스케일이라는 말이 귀에 들어올 리 없습니다. 자신의 수준, 자기 스케일에 맞춰서 사는 사람이 어떻게 하나님의 일을 할 수 있겠습니까? 이번 새벽기도 메시지를 통해 내 삶의 스케일을 완전히 바꾸는 시간이 되길 바랍니다.

은혜를 받았다, 믿음으로 산다, 기도하는 사람이다, 하는 것은 나 자신을 떠났다는 말과 같습니다. 내 수준, 내 능력이 아닌 하나님 능력, 하나님 수준으로 산다는 뜻입니다. 이게 바로 하나님의 스케일을 맞추는 것입니다. 여러분의 생각이 고정되어 있으면 절대 벗어날 수 없습니다. 아무리 말씀을 들어도 소용없습니다. 목회를 하는 사람들도 마찬가지입니다. 제2의 조용기 목사가 되겠다고 신학교를 가지만 막상 개척을 하면 성도수가 100명이 넘는 교회가 별로 없습니다. 작은 교회에서 하나부터 열까지 자신이 하면서 남에게 맡기지 못하는 습관을 가진 목사가 어떻게 큰 교회를 운영할 수 있겠습니까? 결코 쉽지 않습니다. 목회도, 사업도, 직장도, 가정도 마찬가지입니다. 모든 게 내 수준을 넘어서야 합니다. 그것이 바로 믿음입니다.

여러분, 이번 새벽기도 시간에는 3가지 영적 승부사에 대해 말씀드리려고 합니다. 우리가 견고한 응답을 누리기 위해서는 첫째, 믿음의 승부사가 되어야 합니다. 믿음이 가장 중요하기 때문에 믿음에 승부를 걸어야 합니다. 본문에 보면 골리앗 앞에 선 다윗 이야기가 나옵니다. 우리 앞에는 늘 골리앗이 있습니다. 물질, 학업, 가정 문제, 개인 문제…… 등 내가 감당할 수 없는 골리앗이 있어요. 이 골리앗 앞에 이스라엘 군대와 다윗이 서 있는데, 이 둘의 자세를 한번 보세요. 둘은 핵심 포인트가 완전히 다릅니다. 이스라엘 군대는 완전히 불신앙하고 있습니다. 하나님은 안 보이고 골리앗만 보이지요. 하지만 다윗은 다릅니다. 현실을 다스리시는 하나님을 본 것입니다.

이 둘이 바로 '불신앙'과 '믿음'의 차이입니다. 하나님은 믿음 없는 사람, 불신앙하는 사람, 자기 스케일 속에 사는 사람을 사용한 적이 없습니다. 이런 사람을 사용하면 문제가 생기기 때문입니다.

믿음 없는 사람, 자기 스케일 수준의 사람이 교회 일을 하면 항상 문제를 일으키고 트러블이 생깁니다. 결국 대화가 안 되는 어려움을 당하지요. 그게 한국 교회, 세계 교회의 현실입니다. 여러분은 현실을 다스리시는 하나님을 보았던 다윗처럼, 믿음의 승부사가 되어 하나님께 영광 돌리는 삶을 살길 바랍니다.

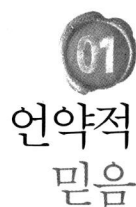

언약적 믿음

(1) 언약을 붙잡은 다윗

여러분 속에는 언약이 있습니까? 언약을 붙잡았느냐 안 붙잡았느냐 하는 것은 매우 중요합니다.

여호와께서 사무엘에게 이르시되 그의 용모와 키를 보지 말라 내가
이미 그를 버렸노라 내가 보는 것은 사람과 같지 아니하니 사람은
외모를 보거니와 나 여호와는 중심을 보느니라 하시더라

—사무엘상 16:7

'사람은 외모를 보거니와 나 여호와는 중심을 본다.' 이게 무슨 말입니까? 하나님이 사무엘을 통해서 이새에게 말했습니다. 너희 아들 중 내가 왕을 세우겠으니 아들들을 다 데려와라. 그러자 사무엘이 이새 집에 가서 아들을 다 데려왔습니다. 하나님께서 자기 자식들 중 한 명을 뽑아 왕을 세우겠다고 하니 이새는 감동을 받았을 테지요. 그런데 사무엘이 보니 첫째 아들 엘리압이 너무나 잘생긴 겁니다. 장남인데다 입이 쩍 벌어질 정도로 잘생겨서 요즘 말로 하면 완전 엄친아였어요. 사무엘은 '아, 하나님이 이 엘리압을 왕으로 세우겠구나.' 하고 생각했지요. 그런데 막상 일곱 형제들을 순서대로 쭉 세우니 하나님은 다 아니야, 아니야, 아니야, 하는 겁니다. 그러고는 "여기 있는 아들들 말고 더 없느냐?" 하고 물었습니다. "저기 양 치고 있는 막내가 하나 있긴 한데……." 하기에 하나님께서 데려와 보라고 합니다. 막내 아들인 다윗이 나타나자 하나님이 다윗에게 '기름을 부으라'고 합니다. 아버지 눈에서는 이미 제외된 별 볼일 없는, 전혀 관심 없는 다윗에게 말입니다.

이 말씀구절은 바로 그때 하나님께서 하신 말씀입니다. 나 여호와는 사람의 외모를 보지 않고 중심을 본다. 여기서 중심이란 하나님과 평소 소통을 하고 있느냐 아니냐, 바로 그 차이입니다. 다윗은

12

평상시에 늘 하나님과 소통했습니다. 여러분은 어떻습니까? 주일에 교회에 나와 예배를 드릴 때는 다 믿음이 좋아 보입니다. 하지만 진짜 소통은 평소에 이루어지고 있어야 합니다. 다윗은 평상시에 하나님과 소통을 많이 했습니다. 시편을 한번 볼까요?

여호와여 아침에 주께서 나의 소리를 들으시리니 아침에 내가 주께 기도하고 바라리이다 　　　　　　　　　　　　　　　　　　　　**−시편 5:3**

여호와의 율법은 완전하여 영혼을 소성시키며 여호와의 증거는 확실하여 우둔한 자를 지혜롭게 하며
여호와의 교훈은 정직하여 마음을 기쁘게 하고 여호와의 계명은 순결하여 눈을 밝게 하시도다
여호와를 경외하는 도는 정결하여 영원까지 이르고 여호와의 법도 진실하여 다 의로우니
금 곧 많은 순금보다 더 사모할 것이며 꿀과 송이꿀보다 더 달도다
　　　　　　　　　　　　　　　　　　　　　　　−시편 19:7−10

다윗은 늘 아침마다 하나님을 묵상했습니다. 다윗은 묵상하는 가운데 하나님의 말씀이 꿀송이보다 더 달다고 고백했습니다. 여러분도 오늘부터 하나님의 말씀, 성경, 강단 말씀을 매일 묵상해보길 바랍니다. 혹시 사람의 말에는 관심이 많은데 하나님의 말씀에는 놀랄 정도로 무관심하진 않습니까? 교회를 수십 년 다녔는데도 그 안에 하나님의 말씀이 없다니 정말 놀랍습니다. 아는 게 하나도 없어요. 말씀에 얼마나 관심이 없으면 그렇겠습니까.

다윗은 평상시에 하나님의 말씀을 듣고 기도했으며, 여기에 또 하나를 더했습니다. 바로 찬양입니다. 다윗은 매일 하나님 앞에 말씀, 기도, 찬양을 드렸습니다. 찬양 좋아하는 분들 많지요? 찬양도 중요하지만 말씀 없이 하는 찬양은 깡통이나 다름없습니다. 여러분, "나도 승부를 한번 걸게 해주세요."라고 기도하세요. 어디에 승부를 겁니까? 말씀입니다. 말씀을 잡고 기도하고, 말씀에 감격해서 찬양하세요.

여러분이 현재 처한 환경은 다윗에 비하면 천국입니다. 다윗은 열악한 환경 속에 있으면서도 늘 찬양했어요. 어릴 때부터 평상시에 늘 하나님께 찬양하고 소통했습니다. 다윗이 왕으로 안수 받았을 때 나이는 고작 열일곱 살이었습니다. 그 어린 나이에 양을 책임지는 역할을 맡았지요.

우리 렘넌트들은 말씀으로 각인, 뿌리, 체질을 만드시길 바랍니다. 학교 공부도 중요하지만 이것이 우선되어야 합니다. 어려서부터 말씀이 각인되면 어떤 상황이 와도 절대 흔들리지 않습니다. 부모가, 교회가, 학교가 여러분을 실망시키고 어떤 어려움이 닥쳐도 전혀 흔들림이 없습니다. 성경 속 렘넌트 일곱 명도 그랬지요? 어떤 순간에도 갈등하고 흔들린 적이 없었습니다. 왜 그렇습니까? 말씀을 잡고 기도했기 때문입니다.

손에 막대기를 가지고 시내에서 매끄러운 돌 다섯을 골라서 자기 목자의 제구 곧 주머니에 넣고 손에 물매를 가지고 블레셋 사람에게로 나아가니라
－사무엘상 17:40

골리앗 앞에 나가는 다윗의 모습입니다. 시내에 가서 돌 다섯 개를 주웠어요. 그 돌을 무기로 삼았습니다. 왜 돌을 선택했습니까? 물매질을 하는 것에 전문성이 있었기 때문입니다. 다윗은 늘 하나님의 말씀에 능통했습니다. 즉 모든 것에 말씀을 적용하는 게 습관

이 되어 있었다는 말입니다.

여호와의 이름을 모독하면 그를 반드시 죽일지니 온 회중이 돌로 그
를 칠 것이니라 거류민이든지 본토인이든지 여호와의 이름을 모독
하면 그를 죽일지니라

—레위기 24:16

이 말씀에 보면 '여호와의 이름을 모독하면 그를 반드시 죽일지
니 온 회중이 돌로 그를 칠 것이니라'고 했지요. 다윗이 보니 지금
골리앗이 하나님의 이름을 모독하고 있단 말이에요. 거류민이든 본
토인이든 여호와의 이름을 모독하면 그를 죽인다고 했지요. 당시
다윗이 묵상한 말씀은 아마 모세 5경이었을 것입니다. 다윗은 문제
가 닥치자 말씀을 그대로 적용했습니다. 다시 말하면 다윗의 믿음
은 죽은 믿음이 아니라 살아있는 믿음이었습니다. 실제로 적용하는
믿음, 삶 속에 그대로 말씀을 적용하는 믿음이었습니다. 내가 사느
냐 죽느냐의 문제 앞에서 말씀을 그대로 적용했으니 참으로 대단
하지요.

(2) 하나님의 절대주권을 믿는 믿음

언약을 붙잡은 다윗은 하나님의 절대주권을 믿는 믿음을 가지고 있었습니다.

너는 칼과 창과 단창으로 내게 나아 오거니와 나는 만군의 여호와의 이름 곧 네가 모욕하는 이스라엘 군대의 하나님의 이름으로 네게 나아가노라

─사무엘상 17:45

다윗은 달랐습니다. 다윗은 자신의 스케일이 아니라 하나님의 스케일로 나아갔습니다. 골리앗과 다윗의 싸움은 헤비급과 플라이급의 게임이었습니다. 골리앗은 2미터 90센티미터의 어마어마한 거인 장군인데 열일곱 살 소년 다윗이 그 앞에 나아간단 말입니다. 내 수준이 아니라 하나님의 능력, 내 스케일이 아니라 하나님의 스케일을 붙잡은 것입니다. 이게 바로 믿음으로 사는 사람의 특징입니다.

믿음으로 아브라함은, 믿음으로 노아는, 믿음을 잡은 그들은 전부 자기 수준을 넘고, 나를 넘어 하나님의 능력을 체험했습니다. 여러분은 언제 이 능력을 체험해보시겠습니까? 나를 넘어서지 못하고 내 수준에 멈춰서 내 계산 안에 있으면 결코 하나님의 능력을 체험할 수 없습니다.

사울 왕과 이스라엘 군대는 모두 자기 스케일, 자기 수준에 사로잡혀 있었습니다. 그러니 골리앗이 엄청 크게만 보였던 거지요. 무섭고 두려웠습니다. 아무리 생각해도 게임이 안 되니 40일 동안 하나님의 이름을 모독하는 저 골리앗을 상대할 사람이 나오지 못했던 것입니다. 사울 왕은 장군 출신이었는데도 그랬어요. 모두 자기 스케일, 자기 수준, 자기 능력에 잡혀서 일어나지 못하고 싸우지 못하는 것입니다. 무슨 말입니까? 40일 동안 하나님을 바라보고 하나님을 묵상해야 하는데 골리앗을 묵상하고 있단 말이죠. 하나님을 바라봐야 하는데 돈을 묵상하고 있단 말이죠. 눈만 뜨면 돈, 돈, 돈, 그리고 온갖 걱정과 염려 속에 잡혀서 하나님을 바라봐야 하는데 다른 것만 바라보고 있단 말입니다. 이것이 바로 내 수준입니다. 이 시간부터 완전히 갱신하시길 바랍니다. 결단하시길 바랍니다.

하나님의 스케일을 바라보는 믿음이 없으면 맨날 사단의 장난에 놀아나는 도구밖에 되지 않습니다. 사단이 늘 가지고 노는 표적이 됩니다. 그러면 하나님의 능력을 체험할 수가 없지요. 이런 상태에서는 사업, 직장, 학교 등 우리가 있는 모든 현장이 마치 골리앗 같습니다. 감당할 수 없을 것 같은 두려움에 사로잡혀 삽니다. 평생을 벌벌 기면서, 절절 매면서, 한 번도 장악해보지 못한 채 살아가는 것이지요. 여러분, 여러분의 스케일에 잡혀 인생을 함몰시키지 말기를 바랍니다. 나를 망가뜨리고 인생을 허비하지 마세요.

'조망효과(overview effect)'라는 말이 있어요. 어느 부분에 갇히지 않고 멀리서 전체를 볼 때 얻는 효과를 뜻합니다. 가까이에서 보면 전체가 보이지 않습니다. 멀리서 봐야만 전체가 보이지요.

여러분, 눈앞에 있는 것에 사로잡히지 말기를 바랍니다. 미래를 보는, 남들이 보지 못하는 것을 보는, 선각자가 되세요. 5년 후, 10년 후, 30년 후를 미리 보면서 나아가는 사람이 되어야 합니다. 조망효과를 가진 눈이 여러분에게 있어야 합니다. 멀리서 전체를 보는 눈이 필요합니다. 대부분의 사람이 눈앞에 있는 것만 보고 살기 때문에 그것만 보고 판단하고 그게 단 줄 압니다. 오늘부터 우리의 삶에 조망효과가 일어날 수 있도록 기도하시길 바랍니다. 멀리 보는 눈을 가져야 지도자가 될 수 있습니다.

뭇 나라가 나를 에워쌌으니 내가 여호와의 이름으로 그들을 끊으리
로다
그들이 나를 에워싸고 에워쌌으니 내가 여호와의 이름으로 그들을
끊으리로다
그들이 벌들처럼 나를 에워쌌으나 가시덤불의 불 같이 타 없어졌나
니 내가 여호와의 이름으로 그들을 끊으리로다

−시편 118:10−12

다윗은 말끝마다 여호와의 이름을 불렀습니다. 여러분도 그리
스도의 이름을 부르시길 바랍니다. 어떤 문제 속에서도 그리스도
의 이름을 부르세요. '내가 그 문제를 해결해주겠다'고 말씀하셨습
니다. 다윗은 늘 여호와의 이름을 불렀습니다. 날마다 여호와의 이
름으로 문제를 해결하겠다, 여호와의 이름으로 나아가겠다, 여호와
의 이름으로 끊어버리겠다 했습니다. 왜 그랬습니까? 확신이 있었
던 것입니다. 기도응답의 확신. 내가 기도하면 하나님이 내 고백을

들으시고 응답해주실 거라는 확신을 가지고 있는 겁니다. 이런 언약적 믿음이 여러분의 삶 속에 각인, 뿌리, 체질 되기를 바랍니다. 언제나 하나님의 이름을 부르세요. 하나님 앞에서 하나님의 이름을 부르는 인생. 이런 사람을 승부사 인생이라고 하는 것입니다.

유명한 스시집에 가면 '오마카세'라는 게 있습니다. 오마카세는 '믿고 맡긴다'는 뜻으로, 손님이 주방장에게 '오마카세'라고 하면 오늘의 메뉴를 손님이 고르는 게 아니라 주방장이 고르게 됩니다. 즉 내가 너를 믿고 맡길 테니 오늘은 내 선택이 아니라 주방장 당신이 알아서 내게 맛있는 것을 달라는 것이지요. 내가 선택해서 먹을 때보다 주방장이 선택한 메뉴가 더 좋을 때가 많습니다. 그래서 '오마카세'라는 메뉴가 있어요.

여러분, 하나님의 오마카세를 해보세요. 한번 맡겨보란 말입니다. 늘 내가 선택해서 내 인생을 살았지만 이제 하나님께 맡겨보세요. 하나님께서 주시는 걸 먹어보자, 하나님께서 나를 어떻게 다루시는지 보자, 하며 하나님께서 이끄시는 말씀을 체험해보는 기회가 되기를 바랍니다.

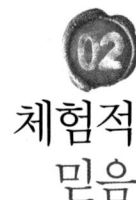

체험적
믿음

언약을 잡고 언약적 믿음을 가졌다면 이제 체험을 해야 합니다.
체험적 믿음이 필요합니다. 다윗은 체험신앙을 한 사람이었습니다.

다윗이 사울에게 말하되 그로 말미암아 사람이 낙담하지 말 것이라

주의 종이 가서 저 블레셋 사람과 싸우리이다 하니

-사무엘상 17:32

여호와께서 나를 사자의 발톱과 곰의 발톱에서 건져내셨은즉 나를

이 블레셋 사람의 손에서도 건져내시리이다

-사무엘상 17:37

무슨 말입니까? 목동생활하면서 체험한 하나님을 지금 감히 왕 앞에서 간증을 하고 있습니다. 하나님이 나를 이렇게 보호하고 지켜주셨다, 하며 체험한 믿음의 고백을 하고 있습니다. 여러분도 이런 고백이 있기를 바랍니다. '하나님이 언제 무슨 사건, 무슨 일을 통해 나에게 이렇게 하셨다' 하며 일개 소년이 사울 왕 앞에서 담대하게, 분명한 정체성을 가지고 믿음의 간증을 하였습니다.

체험이 있는 신앙은 절대 흔들리지 않습니다. 이게 특징입니다. 어떤 일이 있어도, 어떤 실망스러운 일이 생겨도 흔들리지 않습니다. 다른 사람이 아니라 내가 간증할 수 있는 것이 있어야 합니다. 하나님이 나를 통해 이렇게 역사하시고 은혜를 베푸셨고 이렇게 치료했으며 이렇게 회복했습니다. 하나님이 이렇게 하셨습니다. 이러한 내 간증이 늘 있어서 사람들 앞에 증인으로 설 수 있기를 바랍니다.

우리는 학교에서 10년 넘게 영어를 배웁니다. 그런데 미국 사람 앞에만 서면 주눅이 들어서 말을 못하지요. 왜 그래요? 사용을 안

해서 그렇습니다. 단어는 많이 아는데 말이 안 나옵니다. 영어사전을 통째로 외워도 막상 미국에 가면 말 한마디를 못하는 사람도 있습니다. 그런데 미군부대에서 구두를 닦는 아이들은 영어를 잘합니다. 단어도 몇 개 모르고 정식으로 배운 적이 없어도 맨날 사용하니 잘하는 거지요. 아무리 성경구절을 많이 알고 설교 말씀을 많이 듣고 메시지 노트가 100권이 있어도 사용 안 하면 소용없습니다. 막상 현실에서 문제가 닥치면 입도 못 벌리고 넘어지지요. 평소에 말씀을 생활 속에 적용 안 해보면 시험에 들고 갈등 속에 흔들립니다. 왜 시험에 듭니까? 평소 때 하나님을 체험하지 못해서 그렇습니다.

자, 승리하는 믿음의 공식이란 게 있습니다. 어떻게 하면 승리할 수 있느냐? 승리하는 감각을 익혀야 합니다. 말씀이 성취되는 감각을 익혀야 합니다. 다윗은 평소에 많은 승리를 체험했습니다. 작은 것, 큰 것 상관없이 아주 작은 것이라도 한번 체험해보세요. 운동선수들을 보면, 특히 골프선수를 보면 한번 우승한 사람은 또 우승을 합니다. 우승을 몇 번 해본 사람들은 결정적인 순간에 또 우승을 합니다. 그런데 어떤 선수들은 2등만 계속해요. 결승까지 와서 마지막에 넘어져버립니다. 그래서 우승을 못 해본 사람들이 많아요. 무슨 뜻입니까? 한 번이라도 우승을 체험해보라는 말입니다. 한 번 체험하고 나면 그 다음에는 자신감이 붙습니다.

여러분, 살아가면서 작은 응답이라도 받았다고 고백할 수 있기를 바랍니다. 하나님이 내 기도에 응답해주셨다는 고백을 한번 해보세요. 아주 작은 것이라도요. 그러면 그것이 점점 커져서 큰 응답을 받게 됩니다. 그러니 한 번이라도 응답 받는 체험을 해보세요. 둔감한 사람들은 응답을 받고, 체험을 해놓고도 자신이 응답을 받았는지도 모릅니다. 하나님이 하신 걸 자기가 하거나 누가 도와준 걸로 착각해버립니다. 하나님께 기도해놓고도 잊어버리지요. 기도해서 하나님이 응답하신 건데도 까맣게 잊고 딴 짓을 하고 있지요. 그러니 간증이 없습니다. 영적 민감성이 없다는 것입니다. 그러니 여러분, 승리감각을 익히길 바랍니다. 응답받는 감각, 쓰임 받는 감각, 이걸 익혀야 해요. 하나님이 나를 이렇게 세밀하게 간섭하고 보호하고 도와주고 계시구나, 이걸 느끼세요. 아주 작은 것이라도.

저는 예전에 일주일 금식기도를 하고 기도원에서 내려오면 너무 힘들어서 택시조차 잡기가 힘들었습니다. '주여, 택시 하나만 보내주세요.' 하고 기도하면 거짓말처럼 자가용 한 대가 앞에 서더니 "어디 가세요? 타세요." 하는 겁니다. 하나님이 응답을 주시네, 신기

하다 했습니다. 그때만 해도 자가용이 별로 없고 그 시간에 거기 자가용이 온다는 것 자체가 신기한 일이었지요.

새벽기도에 나온 것도 응답입니다. 이렇게 게으른 내가 여기에 앉아 있다는 것 자체가 기적이구나. 스스로를 바라보면서 고백하세요. 하나님이 나를 정말 사랑하시는구나, 나도 기도할 수 있는 사람이구나, 나도 쓰임 받을 수 있는 그릇이구나 하면서요. 조그만 것 가지고도 자꾸 고백하고 간증해보세요. 그래서 매주일 강단 말씀을 들을 때 한 단어, 한 문장, 한 소재만 가지고 일주일을 보내보세요. 그러면 1년 52주면 52번의 응답을 받아요. 다는 할 수 없으니 딱 하나만 잡고 해보는 겁니다.

그렇게 하나하나 실천하고 따라 해보세요. 영적 실천은 결코 실패가 없습니다. 절대 실패하지 않습니다. 하나님 앞에 무릎 꿇으세요. 다윗처럼 다른 사람이 아닌 하나님 앞에 꿇으세요. 다윗이 물맷돌 5개를 주우며 무릎을 꿇었습니다. 승리의 확신을 가지고 무릎을 꿇었던 겁니다. 분명 하나님은 나와 함께하신다는 확신을 가지고 말입니다.

그러나 이 모든 일에 우리를 사랑하시는 이로 말미암아 우리가 넉넉

히 이기느니라   -로마서 8:37

예수 그리스도를 통하여 넉넉히 이기느니라 그랬어요. 어렵게
사는 것이 아니라 풍성하게 하나님이 이기게 해주신다고요.

맺는 말

"하나님. 이제부터 내 스케일대로 살지 않고 하나님의 스케일 속으로 들어가게 해주옵소서."

이제 이렇게 기도하시기 바랍니다. 특별히 렘넌트들은 어려서부터가 중요합니다. 어른들은 이미 굳어진 생각들 때문에 아무리 깨어도 깨어지기가 힘듭니다. 여러분들은 앞으로 이 교회를 책임지고 나갈 주인공들입니다. 지금부터 이 언약을 잡고 하나님 스케일로 나가시기 바랍니다. 그래야 이 교회가 세계복음화에 쓰임 받는 중심 교회가 될 수 있습니다. 그러니 하나님의 스케일로 모두 갱신, 개혁되는 새벽이 되게 해달라고 기도하세요.

2강

현장의
승부사

이스라엘이 다윗에게 기름을 부어 이스라엘 왕으로 삼았다 함을 블레셋 사람들이 듣고 블레셋 사람들이 다윗을 찾으러 다 올라오매 다윗이 듣고 요새로 나가니라

블레셋 사람들이 이미 이르러 르바임 골짜기에 가득한지라

다윗이 여호와께 여쭈어 이르되 내가 블레셋 사람에게로 올라가리이까 여호와께서 그들을 내 손에 넘기시겠나이까 하니 여호와께서 다윗에게 말씀하시되 올라가라 내가 반드시 블레셋 사람을 네 손에 넘기리라 하신지라

다윗이 바알브라심에 이르러 거기서 그들을 치고 다윗이 말하되 여호와께서 물을 흩음 같이 내 앞에서 내 대적을 흩으셨다 하므로 그 곳 이름을 바알브라심이라 부르니라

거기서 블레셋 사람들이 그들의 우상을 버렸으므로 다윗과 그의 부하들이 치우니라

–사무엘하 5:17–21

들어가는 말

오늘은 '현장의 승부사'라는 제목으로 말씀 드립니다.

세상을 살다 보면 고난이 옵니다. 문제가 오고 사건이 생깁니다. 하나님의 자녀인데, 하나님이 다 책임진다고 해놓고 왜 이런 문제가 생길까요? 그 이유를 여러분이 아셔야 합니다. 하나님이 여러분을 버려서가 아닙니다. 이유는 하나입니다. 바로 '기도하라'는 사인입니다. 평소에는 기도를 잘 안 하지요. 특별집중새벽기도를 하는 이유도 기도 좀 하라는 뜻에서입니다. 평소에는 기도를 잊어버리기도 하고 기도를 하다가 중단하기도 하고 기도의 힘을 잃기도 합니다. 그래서 교회가 여러분이 기도를 할 수 있도록 기회를 만드는 것입니다.

평소에는 기도를 잘 안 하다가 큰 어려움이 오면 저절로 기도를 합니다. 길게 기도하게 되지요. 밥맛도 없고 잠도 안 오고 그저 기도의 자리로 나갈 수밖에 없어요. 기도는 하나님의 능력을 체험하는 기회입니다. 나를 넘고 내 수준에서 내 그릇에서 하나님의 그릇으로 넓히는 겁니다. 한국 사람들은 좁은 땅에 살다 보니 생각이 좁고 보는 눈도 마음도 좁은 경우가 많습니다. 잘 토라지고 시험에도 잘 들지요. 미국이나 중국 사람들은 그렇지 않습니다.

자, 말씀을 이어볼까요? 초대교회 마가다락방에 문제가 왔어요. 굉장한 위기 앞에 놓여 있습니다. 성도들은 다락방에 모였습니다. 그리고 그 위기 가운데에서 그들은 '전혀 기도에 힘쓰니라.' 했습니다. 기도할 때에야 비로소 성령이 임한다고 했습니다. 성령이 강림하시니 완전히 새로운 시작이 일어났습니다. 현장의 판세를 바꿔버렸어요. 없는 사람들, 가난한 사람들이, 별 볼 일 없는 사람들이 하나님이 능력을 주시니 달라졌습니다. 죽음 앞에 벌벌 떨고 숨어 있던 사람들이 예루살렘 중심으로 나와서 '예수가 그리스도'라고 떠들면서 목숨을 걸고 나온단 말이에요. 이게 보통 능력입니까? 기도를 하다 받은 능력입니다.

하나님은 공부를 많이 한 사람을 쓰는 게 아닙니다. 하나님을 믿고 기도하는 사람, 언약을 잡고 기도하는 사람, 그런 사람을 쓰십니다. 기도해야 하나님 능력이 나타납니다. 기도를 안 하는데 능력이 나타납니까? 기도를 안 하는데 판세가 바뀝니까? 가난한 사람을 부유하게, 연약한 사람을 강하게, 무능한 사람을 유능하게 만드는 하나님의 방법이 무엇입니까? 하나님의 능력을 체험하는 방법은 바로 기도입니다. 기도 외에는 없습니다. 하나님의 사람만 기도할 수 있습니다. 기도하면 없던 자리가 생기고, 없던 길이 열립니다. 기도하면 그렇다니까요. 이걸 체험해보세요. 난 뭘 해도 별수 없더라, 그런 불신앙하지 마시고 이런 시간표가 주어졌을 때 승부를 한번 걸어보길 바랍니다.

하나님이 여러분을 사용하시려는 이유가 무엇입니까? 여러분을 통해 현장에 승부를 걸기 위해서입니다. 현장전도자로 쓰기 위해서 말입니다. 즉 게임 체인저(Game Changer), 필드 체인저(Field Changer)로서 여러분이 현장을 바꾸기를 원하십니다. 우상숭배하는 가정, 가문을 복음으로 바꿔보세요. 우리 아버지가 무서워서, 우리 집안은 안 되니까, 그런 건 여러분이 가진 선입견입니다. 하나님 앞에 기도하면 그 모든 걸 바꾸는 능력을 주십니다. 그 현장을 바꿔버립니다. 가정 현장, 직장 현장, 여러분이 살고 있는 지역 현장을 하나님께서 바꿔버립니다. 저도 이미 이 모든 것을 체험했습니다.

요즘 사람들은 '소확행'을 추구한다고 합니다. '작은 것을 가지고 확실히 행복하게 살자'는 것입니다. 여러분, 기도하면 '대확행'이 됩니다. 큰 것을 가지고 확실하게 행복하게 하는 겁니다. 세끼 밥 먹고 우리 가족 행복하게 사는 데 머물지 말고 기도해서 세계복음화 하는 사람이 되길 바랍니다. 그것이 크고 확실한 행복입니다. '내가 채우리라.' 하나님이 말씀하셨습니다. 이것을 한마디로 요약하면 바로 '현장승부사'입니다.

현장승리의 발판

(1) 광야 훈련

어떻게 하면 현장에서 승리할 수 있습니까? 먼저 광야 훈련을 받아야 합니다. 다윗을 보세요. 다윗의 삶을 보면 훈련의 연속이었습니다. 어느 날 갑자기 왕이 된 것이 아니라 태어나면서부터 계속 훈련을 받았습니다. 그것도 광야 훈련을요.

사무엘이 기름 뿔병을 가져다가 그의 형제 중에서 그에게 부었더니 이 날 이후로 다윗이 여호와의 영에게 크게 감동되니라 사무엘이 떠

나서 라마로 가니라

여인들이 뛰놀며 노래하여 이르되 사울이 죽인 자는 천천이요 다윗
은 만만이로다 한지라

-사무엘상 18:7

다윗은 17세에 기름 부음을 받았습니다. 골리앗을 이기고 나니
여인과 백성들이 노래를 불러요. 사울이 죽인 자는 천천이요, 다윗
이 죽인 자는 만만이로다. 이때부터 다윗의 광야생활이 시작됩니
다. 백성들이 사울 왕보다 다윗을 더 칭찬하니 죽이겠다고 하며 다
윗을 공격하는 겁니다. 이때부터 다윗이 본격적으로 도망을 다니는
광야생활이 시작됩니다. 17세에 기름 부음을 받고, 30세부터 혹독
한 광야의 고통을 당하기 시작합니다. 하나님이 쓰시는 사람의 특
징이 있어요. 바로 고난, 연단입니다.

저는 15년을 기도원에서 금식할 때에 3일 금식하고 3일 보식하
는 생활을 했습니다. 신발을 벗고 잔 적이 없고 3년 내내 교회의자

에서 잤어요. 11시에 교회에 와서 2시까지 기도하고 교회 화장실에서 세수하고 새벽기도를 했습니다. 대한민국 기도원에는 안 간 곳이 없어요. 너무 괴롭고 답답하니까요. 그런 연단을 15년을 받았습니다. 다윗은 13년을 받았고요. 교회를 개척하고 난 후에는 집에 간적이 없습니다. 강대상 철야하고 10시부터 새벽 2시까지 귀신 쫓아내고 방언하고 은사하면서 강대상에서 꼬부려져 자고 새벽기도하고 그랬습니다.

다윗뿐 아니라 요셉도 17세에 노예생활을 시작했습니다. 똑같죠. 요셉은 또 감옥에 갑니다. 노예 6년, 감옥 7년, 13년을 고생했어요. 그리고 서른 살에 총리가 됩니다. 모세는 40년 동안 광야생활을 했습니다. 40세에 쫓겨나 왕궁에서 도망 와서 알지도 못하는 광야에서 여자 만나 결혼하고 장인 양 치면서 40년. 아무것도 못하고 연단을 받았지요. 바울은 그보다 좀 짧았습니다. 예수님을 만나고 광야에서 3년 동안 연단을 받았습니다.

여러분, 광야란 게 무엇입니까? 승리의 필수코스입니다. 실제로 광야에 들어가 한 시간만 지나면 감각의 변화가 오기 시작합니다. 혼자 한 시간 있다 보면 시각, 청각, 후각이 예민해집니다. 두세 시간이 지나면 감각이 완전 달라집니다. 안 보이는 것이 보이고 들리지 않던 것이 들리고 느껴지지 않던 것이 느껴지기 시작합니다. 광야에서 말입니다.

자, 여러분의 영적 광야는 무엇입니까? 바로 하나님과 독대하는 겁니다. 하나님과 나만 단둘이, 감히 하나님을 독대하는 겁니다. 이것이 바로 정시 집중시간입니다.

그 날 후로 사울이 다윗을 주목하였더라 　　　　　　**-사무엘상 18:9**

사무엘상 18장 9절에 보면 백성이 다윗을 치켜세우며 이렇게 표현했습니다. '그날 이후로 사울이 다윗을 주목하니라.' 그런데 사울이 다윗을 주목하다 완전히 망했어요. 그런데 다윗은 고난과 위기가 끊임없이 닥치는 상황 속에서도 늘 하나님을 주목했어요. 여러분의 시선이 어디로 가는지가 중요합니다. 사람을 의지하는 것은 정확한 실패의 길입니다. 사람은 누구나 다 변할 수 있습니다. 사람은 참고하고, 주목은 절대 주권자인 하나님께 해야 합니다. 하나님을 주목하면 나머지가 다 따라와요. 하나님을 주목하면 하나님이 다 도와주십니다. 하나님을 주목하지 않고 사람을 주목하면 하나님이 다 빼앗아버립니다. 사람도 빼앗고 돈도 빼앗고 건강도 빼앗아요. 질투하는 하나님이시기 때문입니다.

여러분, 느껴야 합니다. 나보다 부모를, 나보다 자식을, 나보다 가정을 더 사랑하는 자는 하나님이 기뻐하시지 않는다고 했습니다. 이 부분 철저하게 점검해봐야 합니다. 왜 시험 들고, 왜 낙심합니까? 사람을 바라보아서 그렇습니다. 다윗은 사울 왕을 바라보지 않았습니다. 오직 하나님만 바라봤어요. 여러분은 어디를 주목하고 있습니까? 하나님을 주목하세요. 우리가 사는 길은 그 길밖에 없습니다. 하나님의 스케일. 이걸 계속 묵상해보세요. 내 스케일인가, 하나님의 스케일인가? 하나님의 스케일에 맞춰 영적 지각변동을 일으키는 사람, 기도하고 부흥 일으키는 사람을 보며 '저분처럼 되어야겠다' 하며 기도하세요. 그 스케일에 맞춰 그릇을 키워가보세요. 여러분 안에 갇혀 있지 말고요.

훈련이 왜 유익합니까? 훈련을 하면 '오직'이라는 체질로 바뀌기 때문입니다. 연단을 많이 받고 나면 그렇게 됩니다. 연단을 받는 중에 기도를 많이 하면 하나님이 성공자로 체질을 바꾸십니다. 오직 하나님만 바라보도록 말입니다. 예수 그리스도는 모든 문제의 해결자라고 했지요. 성령 인도를 받으면 갈등할 것도 없이 결론이 납니다. 내 인생의 답이 나는 거지요. 우리의 수준을 초월해야 합니다.

하나님이여 내 마음이 확정되었고 내 마음이 확정되었사오니 내가

노래하고 내가 찬송하리이다

내 영광아 깰지어다 비파야, 수금아, 깰지어다 내가 새벽을 깨우리

로다

-시편 57:7-8

다윗의 고백이에요. 환경이 어렵고 여러 가지 피곤할 일이 많지
만 여러분 영혼은 다윗처럼 하나님을 찬양하시기 바랍니다. '내 영
혼아 하나님을 찬양해.' 영혼까지도 염려 걱정 불안 속에 있으면 안
돼요. 하나님을 향하여 확정하고 흔들리지 않기를 바랍니다. '비파
야 수금아 하나님을 찬양하자 내가 새벽을 깨우리로다.' 다윗이 사
울을 피해서 굴에 있을 때 나온 고백이에요. 팔레스타인 밤이 얼마
나 추운 줄 아세요? 굴에 숨어 있을 때 불렀던 찬양이에요. 확정하
길 바랍니다. 오직으로. 하나님 말씀에 집중으로. 결론 내리세요.

다윗의 별명이 무엇인 줄 아십니까?

폐하시고 다윗을 왕으로 세우시고 증언하여 이르시되 내가 이새의

아들 다윗을 만나니 내 마음에 맞는 사람이라 내 뜻을 다 이루리라

하시더니

-사도행전 13:22

'내 마음에 맞는 사람' 그랬습니다. 하나님 마음에 맞는 사람. 그를 통하여 내 뜻을 이루리라. 하나님의 뜻을 이루는 사람이 마음에 합한 자예요. 여러분, 다윗이 되시길 바랍니다. 저 장로는, 저 권사는, 저 집사는, 저 선생님은, 저 성도는 내 마음에 합한 자라. 하나님 뜻을 이루는 데 쓰임 받으니까. 내 뜻, 내 욕심이 아니에요. 이게 훈련의 과정, 훈련에 대한 유익입니다.

내가 가는 길을 그가 아시나니 그가 나를 단련하신 후에는 내가 순

금 같이 되어 나오리라

-욥기 23:10

욥의 고난을 아시지요? 하루아침에 아들 일곱, 딸 셋이 압사 당해 죽었습니다. 그건 하늘에서 결정한 거예요. 사단이 하나님께 물었어요. "자식이고 재산이 있으니 하나님을 찬양하지요. 자식 다 빼앗아보세요. 재산 다 빼앗아보세요. 하나님 원망할 겁니다. 해보세요." 하나님이 이를 허락하고 자식을 다 빼앗았습니다. 자식 다 죽고 재산도 부도나버렸습니다. 그런데도 욥은 하나님을 찬양하는 겁니다. 몸을 치면 원망할 거다, 해서 목숨만 건드리지 않고 쳤어요. 머리부터 발끝까지 완전히. 기왓장으로 몸을 긁을 만큼. 그러나 절대 하나님을 원망하지 않았습니다. 그러자 하나님은 다시 회복시켜 주셨어요. 갑절로. 동방의 최고 부자였는데 그 갑절로 말입니다.

그가 나를 단련하신 후에는 내가 정금 같이 나오리라. 정금은 변질되지 않는 것이죠. 광야생활이란 하나님 앞에 내가 쓰임 받는 데 방해가 되는 불순물들을 제거하는 시간표입니다. 성격의 불순물, 습관의 불순물, 삶의 불순물 이거 다 제거하는 시간표예요. 그래서 다 제거가 돼야 돼요. 그래야 뭐가 됩니까? 정금이 됩니다. 용광로 들어가면 불순물이 제거돼요. 쇠붙이도 다 물이 돼버려요. 새로운 형태로 나옵니다. 정금. 금이 그냥 됩니까? 걸러내고 완전히 만들어진 게 정금이에요. 여러분, 이제 하나님 앞에 훈련 받으시기 바랍니다. 창세기 3장 현장 속에 살기 때문에 자꾸 걸러내야 돼요.

(2) 3오늘의 회복

광야 훈련을 받은 우리는 이제부터 무엇을 해야 할까요?

다윗이 여호와께 여쭈어 이르되 내가 블레셋 사람에게로 올라가리
이까 여호와께서 그들을 내 손에 넘기시겠나이까 하니 여호와께서
다윗에게 말씀하시되 올라가라 내가 반드시 블레셋 사람을 네 손에
넘기리라 하신지라
다윗이 바알브라심에 이르러 거기서 그들을 치고 다윗이 말하되 여
호와께서 물을 흩음 같이 내 앞에서 내 대적을 흩으셨다 하므로 그
곳 이름을 바알브라심이라 부르니라
거기서 블레셋 사람들이 그들의 우상을 버렸으므로 다윗과 그의 부
하들이 치우니라
블레셋 사람들이 다시 올라와서 르바임 골짜기에 가득한지라

다윗이 여호와께 여쭈니 이르시되 올라가지 말고 그들 뒤로 돌아서 뽕나무 수풀 맞은편에서 그들을 기습하되

뽕나무 꼭대기에서 걸음 걷는 소리가 들리거든 곧 공격하라 그 때에 여호와가 너보다 앞서 나아가서 블레셋 군대를 치리라 하신지라

이에 다윗이 여호와의 명령대로 행하여 블레셋 사람을 쳐서 게바에서 게셀까지 이르니라

−사무엘하 5:19−25

왕이 된 다윗이 블레셋과 전쟁하는데 하나님 앞에 구구절절 여쭈었어요. 자기가 마음대로 결정하고 한 게 하나도 없어요. 왕인데. 하나님 앞에 구구절절 다 물어봅니다.

다윗이 여호와께 여쭈어 이르되, 여호와께서 다윗에게 말씀하시되, 다윗이 말하되 여호와께서 물을 흩음 같이 내 앞에서 내 대적을 흩으셨다, 다윗이 여호와께 여쭈니 이르시되, 이에 다윗이 여호와의 명령대로 행하여 블레셋 사람을 쳐서 게바에서 게셀까지 이르니라……. 전부 하나님께 물어봤어요. 3오늘이 뭐냐? 하나님께 물어보는 겁니다. 그냥 했다가 아니에요. 이것이 각인, 뿌리, 체질이 되어 있었습니다. 다시 말하면, 여러분 마음대로 살면 안 돼요. 여

러분 마음대로 결정하고 저질러 놓고 하나님 해결해주세요, 그러면 안 돼요. 하나님 뜻이 어디 있는지 물어봐야지요. 그래야 하나님이 생각나게 해주시고, 깨닫게 해주시고, 느끼게 해주십니다. 영적 광야생활을 하면 감각이 굉장히 민감해집니다. 말씀에 민감하고, 기도에 민감하고, 환경에 민감하고, 보통 사람이 못 느끼는 세 배 네 배로 민감해져야 합니다. 영적 광야생활을 한 사람들의 특징이 그래요.

영적으로 광야생활하고 나면 세상에 실패할 수가 없어요. 사업할 때나 목회할 때나 하나님이 실패하게 한 적이 없습니다. 정확하게 말씀드릴까요? 지식은 공부해야 얻을 수 있지만 지혜는 하나님이 주십니다. 정주영 씨가 공부를 했습니까? 그 사람은 다른 사람에겐 없는 지혜가 있어서 그렇게 성공할 수 있었습니다. 불신자도 그런데 구원 받은 하나님 자녀에게 지혜가 부족하거든 후히 주시고 꾸짖지 아니하시는 하나님께 구하라 그리하면 주시리라 하지 않았습니까. 기도 속에 다 있다니까요.

3오늘은 나 중심의 자기주도형 삶에서 하나님 주도형 삶으로 바뀌는 것을 의미합니다. 3오늘의 축복이란 무엇입니까? 여러분, 육신에는 근육이 필요합니다. 근육이 있어야 건강합니다. 근육이 없는 사람들은 몸이 안 좋아요. 근육은 뼈를 지탱해줍니다. 왜 허리가 아픕니까? 허리를 받쳐주는 근육이 없어서 그래요. 허리가 안 좋은 사람들은 허리를 잡아주는 근육 훈련부터 해야 합니다. 그런데 육신의 근육보다 중요한 것이 영적 근육입니다. 영적 근육은 사도행전 1장 1절, 3절, 8절입니다. 그리스도, 하나님 나라, 성령 충만, 이 세 가지가 여러분의 영적 근육이 돼야 합니다. 그리스도면 다 끝난 것입니다. 갈보리산에서 '다 이루었다, 모든 저주, 재앙 다 해결했다'고 했습니다. 그리스도가 여러분 인생을 끝낸 줄 믿으시길 바랍니다. 3오늘이 되면 하나님 나라를 누리게 됩니다. 이렇게 영적 근육이 확실한 사람이 건강하게 삽니다. 힘이 있게 살 수 있는 것입니다.

이것이 3오늘입니다. 다시 말하면 영적 승부근성을 키우라는 겁니다. 저는 원래 우유부단한 사람이에요. 이것도 아니고 저것도 아니고 미지근해. 제가 사람 앞에 나서는 거 못하고 어정쩡했어요. 이 영적 광야생활을 지나고 나니까 하나님이 승부를 거는 승부사로 바꿔버리더라고. 제목이 제가 다 체험하고 하는 말이에요. 원래 알던 사람들은 저를 못 알아봐요. 얼마나 바뀌었는지. 성령은 그렇게 바꿔버립니다. 비겁한 베드로를 순교하는 베드로로, 사울을 바울로

다 바꿔버려요. 영적 광야를 거치게 되면 하나님께서 이렇게 바꿔서 쓰신다고요. 하나님은 승부욕이 있는 사람, 영적 승부 근성이 있는 사람을 쓰십니다.

보장된
승리 체험

(1) 다윗의 승승장구

만군의 하나님 여호와께서 함께 계시니 다윗이 점점 강성하여 가
니라

-사무엘하 5:10

다윗은 점점 강성해집니다.

네가 가는 모든 곳에서 내가 너와 함께 있어 네 모든 원수를 네 앞에

서 멸하였은즉 땅에서 위대한 자들의 이름 같이 네 이름을 위대하게

만들어 주리라

-사무엘하 7:9

하나님은 다윗을 위대하게 만들어주겠다고 약속하십니다. 어떻
게요?

다윗이 어디로 가든지 여호와께서 이기게 하시니라

-사무엘하 8:6

어디로 가든지 이기게 하신다고 했습니다. 결코 실패란 없습니
다. 하나님 앞에 한 번 잡혀버리면 끝나는 겁니다. 여러분의 마음이
오락가락해서 그런 거지요. 마음이 흔들리는 사람은 하나님이 쓰시
지 않습니다. 지난 주 다르고 이번 주 다른 사람을 하나님이 어떻게

쓸 수 있겠습니까? 다윗은 하나님이 주신 승승장구를 삶의 희열을 경험하고는 이렇게 고백합니다.

내가 주를 의뢰하고 적군을 향해 달리며 내 하나님을 의지하고 담을
뛰어넘나이다   −시편 18:29

엄청 영적 스릴을 느끼지요. '주를 의지하고 담을 뛰어 넘나이다.' 적군을 향해서 막 달리는 거예요. 하나님 의지하고 담을 뛰어넘습니다. 무슨 말입니까? 제가 볼 때 성경에서 가장 '함께'의 비밀을 누린 사람이 바로 다윗입니다. 늘 하나님이 나와 함께 하시니까 겁 없이 달리는 거예요. 예수 믿는 사람은 겁이 없어야 돼요. 요것도 죄인가 조것도 죄인가 이거 안 되면 어쩌지 실패하면 어쩌지, 이런 생각을 하는 사람은 아예 받을 생각도 하지 마세요. 오늘 당장 생각을 바꾸고 스케일을 바꾸세요. 확 바꿔버려야 합니다. 새벽기도에 참여한 여러분은 이미 축복 속에 들어왔습니다. 한 분도 빠짐없이다. 누가 뭐라 그래도 승승장구 속에 들어왔습니다. 보장된 승리를 체험해보시기 바랍니다. 겁 없이 그냥 함께한다는 사실을 믿는 겁

니다. 성령이 아니고서는 예수를 주로 시인할 수 없다고 말했잖아요. 그래서 모든 문제, 사건을 오늘부터 하나님의 스케일로 보시기 바랍니다. 내 수준을 넘어 하나님 스케일로 보세요.

(2) 생명 살리는 승부수

생명을 살리는 승부수를 걸어야 해요. 그게 바로 전도캠프입니다. 개인전도 다락방을 회복해야 합니다. 교회, 전도, 지교회 세우는 것이 모두 포함됩니다.

'제임스 케네디'라는 유명한 목사님이 있습니다. 한번은 목사님이 아주 고급 레스토랑에 가서 식사를 하고 있는데, 서빙을 하는 종업원의 얼굴이 너무 안 좋은 겁니다. 이상하다, 왜 저렇게 표정이 어두울까, 생각을 하고 있는데 성령이 '전도하라'고 하는 겁니다. 그때 목사님이 생각했습니다. '이렇게 고급 레스토랑에서 무슨 전도를 합니까. 사람들 다 보는데 분위기가 아닙니다.' 하고 거부하고 나왔는데 '탕' 하고 총소리가 나는 겁니다. 사람들이 우우 몰려가기에 가보니, 그 서빙하는 여자가 권총으로 자살을 해버린 겁니다. 바로 그 순간에요.

제임스 케네디는 덜덜 떨면서 후회했습니다. 천국에 갈 마지막 기회를 내가 놓쳐버렸구나, 하며 크게 회개하고 그때부터 본격적으로 전도를 시작했습니다. 이것이 전도폭발이라는 훈련이 생기게 된 계기입니다. 이 전도의 특징이 뭔지 아십니까? 사람을 만나면 첫 마디가 이것입니다.

"오늘 죽으면 천국에 갈 확신이 있습니까?"

아무나 붙들고 이런 말을 하니 처음에는 문제가 많았습니다. 극단적인 말로 시작하니까요. 하지만 여러분 때문에 천국 갈 기회를 놓친 사람이 있다면 어떻겠습니까?

가령 내가 악인에게 말하기를 너는 꼭 죽으리라 할 때에 네가 깨우치지 아니하거나 말로 악인에게 일러서 그의 악한 길을 떠나 생명을 구원하게 하지 아니하면 그 악인은 그의 죄악 중에서 죽으려니와 내가 그의 피 값을 네 손에서 찾을 것이고

—에스겔 3:18

이 말씀이 제임스 케네디 귀에서 떠나지 않았습니다. 전도할 절호의 기회를 줬는데 왜 안 했느냐, 너 핏값을 내놓아라, 그것이지요.

여러분, 돌아보시기 바랍니다. 마지막 기회를 받아야 할 사람이 있지 않습니까? 현장을 회복하시기 바랍니다.

전도캠프의 핵심은 바로 지교회입니다. 이 일에 여러분 모두 쓰임 받으시기 바랍니다. 남은 자, 버려진 자, 숨겨진 자, 흩어진 자, 남는 자, 남을 자, 남길 자. 이들을 바라보며 4천 지교회의 기도제목을 붙들고 가고 있습니다. 현재는 892개의 지교회가 세워졌습니다. 매주 캠프를 진행하고 있습니다. 하나님, 연말까지 천 개의 지교회가 세워지게 하소서, 하고 기도하길 바랍니다.

바울이 온 이태를 자기 셋집에 머물면서 자기에게 오는 사람을 다 영접하고
하나님의 나라를 전파하며 주 예수 그리스도에 관한 모든 것을 담대하게 거침없이 가르치더라

-사도행전 28:30-31

사도행전의 마지막 말씀입니다. 이것은 현장승부사가 확실하게 가지고 있어야 할 영적 자세입니다.

맺는 말

아버지를 전도하고 싶어 하는 한 아들이 있었습니다. 기회를 보고 있었는데 아버지가 위독하게 되었습니다. 그래서 목사님을 모시고 가서 아버지에게 복음을 증거하는데, 아버지가 믿지를 않는 겁니다. 목사님이 실망하고 교회에 돌아왔는데 다음 주에 새 가족이 왔습니다. "어떻게 왔습니까?" 하니 그날 병원에서 아버지에게 복음을 전할 때 바로 그 옆에 있었다는 겁니다. 목사님이 설교하시는 것을 듣고 예수님을 믿어야겠다고 생각하고 왔다는 것입니다.

여러분이 어디에서 씨를 뿌리든 어떻게든 거둬지게 되어 있습니다. 믿으시기 바랍니다. 그리고 여러분이 복음을 선포할 때 네 군데 방향에서 듣습니다.

첫째, 하나님이 듣고 기뻐하십니다. 그 열매와 관계없이 여러분이 전도할 때에 하나님이 그것을 듣고 기뻐하십니다.

둘째, 내가 듣습니다. 내가 전도하는 것을 내가 듣고 흔들리지 않게 됩니다.

셋째, 옆 사람이 듣습니다. 전도 대상과 상관없이 다른 사람이 듣고 변화됩니다.

넷째, 마귀가 듣습니다. 마귀가 듣고 실망하고 힘이 빠집니다.

여러분, 현장에 승부를 거는 현장 승부사가 되길 바랍니다.

3강

헌신의
승부사

다윗 왕이 온 회중에게 이르되 내 아들 솔로몬이 유일하게 하나님께서 택하신 바 되었으나 아직 어리고 미숙하며 이 공사는 크도다 이 성전은 사람을 위한 것이 아니요 여호와 하나님을 위한 것이라

내가 이미 내 하나님의 성전을 위하여 힘을 다하여 준비하였나니 곧 기구를 만들 금과 은과 놋과 철과 나무와 또 마노와 가공할 검은 보석과 채석과 다른 모든 보석과 옥돌이 매우 많으며

성전을 위하여 준비한 이 모든 것 외에도 내 마음이 내 하나님의 성전을 사모하므로 내가 사유한 금, 은으로 내 하나님의 성전을 위하여 드렸노니

곧 오빌의 금 삼천 달란트와 순은 칠천 달란트라 모든 성전 벽에 입히며

금, 은 그릇을 만들며 장인의 손으로 하는 모든 일에 쓰게 하였노니 오늘 누가 즐거이 손에 채워 여호와께 드리겠느냐 하는지라

이에 모든 가문의 지도자들과 이스라엘 모든 지파의 지도자들과 천부장과 백부장과 왕의 사무관이 다 즐거이 드리되

하나님의 성전 공사를 위하여 금 오천 달란트와 금 만 다릭 은 만 달

란트와 놋 만 팔천 달란트와 철 십만 달란트를 드리고

보석을 가진 모든 사람은 게르손 사람 여히엘의 손에 맡겨 여호와의

성전 곳간에 드렸더라

백성들은 자원하여 드렸으므로 기뻐하였으니 곧 그들이 성심으로

여호와께 자원하여 드렸으므로 다윗 왕도 심히 기뻐하니라

-역대상 29:1-9

들어가는 글

한 임금이 백성들 앞에 밑 빠진 독 하나를 가지고 나와 이렇게 말했습니다. "여기에 물을 채우라." 신하들이 아무리 독에 물을 부어도 물이 찰 리 없지요. 한 신하가 밑 빠진 독을 들고 강물로 가더니 물속으로 독을 탁 던지는 겁니다. 그러니 독이 아래로 쑤욱 내려가면서 안이 가득 찼습니다. 그것을 본 왕이 웃으며 그 신하에게 모든 상금을 주었습니다.

여러분, 세상에 보면 밑 빠진 독과 같은 인생을 사는 사람이 너무 많습니다. 열심히 했는데 남는 게 없고 하는 일마다 잘 되지 않습니다. 특히 경제 부분에 있어 그렇습니다. 경제 문제가 해결이 안되면 삶이 피곤하지요. 여러분, 하나님이 왜 이런 문제를 주셨습니까. 은혜 속에 푹 잠기라는 뜻입니다. 이번 기회를 통해 기도하시기 바랍니다. 내 인생을 어설프게 살지 않고 하나님의 은혜 속에 늘 있어 보세요. 그러면 하나님이 다 채워주십니다. 자꾸 갈등하고 시험들고 낙심하면 그것은 밑 빠진 독의 인생과 같습니다. 남들이 볼 때는 잘 산다고 하지만 정작 본인은 맨날 모자라고 맨날 갈등합니다. 그게 밑 빠진 독입니다.

하나님의 경제원리가 있습니다. 이 말씀이 바로 하나님의 경제원리입니다.

주라 그리하면 너희에게 줄 것이니 곧 후히 되어 누르고 흔들어 넘치도록 하여 너희에게 안겨 주리라 너희가 헤아리는 그 헤아림으로 너희도 헤아림을 도로 받을 것이니라

-누가복음 6:38

우리가 할 일은 무엇입니까? 바로 '주라'입니다. 하나님의 나라를 위해서, 복음을 위해서 주라. 너는 계속 주라. 그러면 내가 누르고 흔들어 넘치도록 안겨 주리라. 여기에는 5력(영력, 지력, 인력, 경

제력, 체력)이 모두 포함됩니다. 그러면서 뭐라고 말씀하셨습니까? 너희가 헤아리는 그 헤아림으로 너희도 헤아림을 받을 것이다. 무슨 뜻입니까? 우리는 무엇을 하든 요리조리 앞뒤를 자꾸 계산합니다. 그러니 너 그렇게 자꾸 헤아리느냐, 나도 헤아릴 것이다. 하나님 앞에 드리면서 요리조리 헤아리느냐? 그러면 나도 헤아리겠다. 이렇게 말씀하신 겁니다.

하나님의 스케일이냐, 내 스케일이냐. 바로 이 싸움입니다. 거의 99퍼센트가 자신의 스케일 안에서 살아갑니다. 그래서 단 1퍼센트만이 하나님의 쓰임을 받는 것입니다. 그러나 대부분의 사람이 나 중심, 물질 중심으로 살아갑니다. 그러면서 또 성공은 하고 싶어 하지요. 다른 사람에게 무언가 드러내고 싶어 하고요. 많은 사람이 여기에 딱 걸려 있습니다. 이 스케일에서 빨리 벗어나야 합니다. 하나님, 이제부터 정말 하나님 스케일 속에 살게 해 주옵소서, 기도하세요.

교회를 가만히 보세요. 참 이상하지요. 헌신하는 사람은 가진 사람이 아니라 가난한 사람이 합니다. 가진 사람은 돈의 맛을 압니다. 돈의 능력을 알지요. 그래서 하나님은 참고만 하고 돈은 꽉 잡고 놓지 않습니다. 그러나 하나님의 방법이 무엇입니까? 그런 자의 것은 다 빼앗아버립니다. 그러니 '누르고 흔들어 안겨준다'는 말은 곧 하나님의 스케일 속으로 들어가면 보장이 된다는 말입니다. 쓸데없는 데 돈을 허비하지 않게 해주겠다, 내가 보장해주겠다, 그런 뜻입니다. 하나님 앞에 인색한 사람 치고 성공한 사람이 없습니다.

어느 부흥사가 말합니다. "우리 교회는 전 성도가 십일조를 합니다." 그래서 한 성도가 물었습니다. "진짜 전부 다 십일조를 합니까?" "예, 다 합니다. 30퍼센트는 하나님께 드리고, 70퍼센트는 하나님이 직접 거둬 가십니다." 하나님이 직접 거둬간다는 게 무슨 말입니까? 이리저리 다 새버린다는 말이지요. 십일조도 안 하고 아껴뒀는데 다른 데로 새어버리는 겁니다.

이런 말이 있어요. '작은 부자는 사람이 만들고 큰 부자는 하나님이 만든다.' 작은 부자는 자신이 열심히 해서 될 수 있지만 큰 부자는 하늘이 만듭니다. 영적으로 볼 때 하나님이 축복하시면 누구든 자신의 한계를 뛰어넘을 수 있습니다. 하나님의 스케일 속에 들어가면 가능해지지요. 사람들은 이를 기적 인생이라고 합니다. 저 사람 정말 기적적이다! 어떻게 저렇게 됐지? 정말 기적이다! 불신자들은 그렇게 말을 하지요. 다윗이 바로 그런 인물이었습니다. 목동이 어떻게 장군이 되고 왕이 될 수 있습니까? 그는 헌신의 승부사였습니다. 다윗을 본받으시기 바랍니다.

오늘 본문을 보니 다윗과 지도자들이 백성들과 함께 헌신해 성전을 건축합니다. 솔로몬의 성전은 전무후무한 성전이었습니다. 당시 솔로몬은 어렸기에 다윗이 다 준비를 했지요. 하나님이 다윗에게 말했습니다. "너는 안 돼. 너무 많은 사람을 죽여서 네 손에 피가 너무 많아. 그러니 너의 아들을 통해서 드려라." 아들이 어리니 무엇을 알 수 있었겠습니까. 그래서 다윗은 온 백성과 중요한 신하들과 함께 솔로몬의 성전을 지었습니다. 솔로몬 성전의 특징은 입당이 없다는 것입니다. 바로 헌당입니다. 헌당이 무엇입니까? '하나님 앞에 온전히 드린다'는 뜻이에요. 교회에 빚이 없을 때 헌당이 되는 것입니다. 그렇게 될 때에야 견고한 응답을 받게 됩니다. 여러분 모두 본당 헌당에 헌신의 승부수를 거시기 바랍니다.

하나님과 포커스를 맞추고 나의 사업, 나의 직장, 내가 일하는 모든 것을 헌당에 승부수를 걸겠으니 하나님 책임져 주옵소서. 해 보세요. 하나님이 복음경제의 문을 열어줄 이유가 있잖아요. 하나님이 우리에게 묻습니다. "내가 너에게 축복해주고, 건강을 주고, 형통케 할 이유가 있느냐?" 있습니다. 하나님의 뜻을 이루기 위해서입니다. 하나님께 책임을 전가하세요. 하나님이 나를 축복해주지 않으면 하나님만 손해입니다. 그 정도로 말할 수 있어야 합니다. 이게 헌신의 승부사예요. 승부수를 두는 거지요. 하나님을 위해 승부수를 띄웠는데 하나님이 책임져주셔야지요. 그 정도로 당당해야 합니다.

성경적
헌신

(1) 헌신의 뿌리

이 성전은 사람을 위한 것이 아니요 여호와 하나님을 위한 것이라

-역대상 29:1

이 성전은 하나님의 것입니다. 하나님께 드려진 거지요. 하나님께 헌금을 해서 드렸으니 성물이에요. 교회에 있는 작은 물건 하나가 모두 성물입니다. 이것을 도둑질해가면 하나님 것을 훔치는 겁니다. 목회자인 저도 시간표가 되면 조용히 사라집니다. 누구나 다

사라지겠지요. 하나님 것이니 모두가 섬기다가 사라지는 겁니다. 우리는 모두 하나님을 위해서 살고, 모든 헌신의 뿌리는 여호와 하나님이 되어야 합니다. 그래야 헌금 얘기가 나올 때 시험이 안 듭니다. 하나님 것을 하나님께 드리는데 왜 시험이 듭니까? 사람 앞에 하는 것이니 기분이 나쁘고 시험이 듭니다. 십일조는 누구 앞에 드리는 겁니까? 하나님 앞에 드리는 겁니다. 교회를 통해 하나님께 드리는 겁니다. 그러니 시험에 들 이유가 없지요.

저는 모태신앙입니다. 아마 여기에는 저보다 오래 신앙생활을 한 분이 없을 것입니다. 그런데 저는 한 번도 시험 든 적이 없습니다. 교회도 사람이 이루는 것이기에 가만히 보고 있으면 시험 들 일이 한두 가지가 아닙니다. 심지어 재정을 맡은 사람도 시험에 들고, 성도들끼리 싸워 교회가 나앉기도 합니다. 하나님 앞에 드리는 것이라면 왜 시험에 들겠습니까.

한 신학자가 이런 말을 했습니다. 다윗의 헌신에 대해 이렇게 표현했습니다. "다윗은 결코 헌신에 있어 할인을 하지 않았다." 우리가 보통 물건을 살 때 가격을 디스카운트하잖아요? 하나님께 드리는 것에 있어 절대 깎으려고 하지 않았다는 말입니다. 하나님께 드려야 하는데 어떻게든 조금이라도 덜 드리려고 하는 사람이 있습

니다. 십일조를 드리는데 몇 백 원에서 몇 십 원을 따져 넣는 사람
이 있습니다. 정말 철저하지요. 얼마나 완벽한 사람입니까? 그러나
하나님 앞에서는 그러지 마세요. 다윗은 하나님 앞에서는 할인하지
않았습니다.

나와 내 백성이 무엇이기에 이처럼 즐거운 마음으로 드릴 힘이 있었
나이까 모든 것이 주께로 말미암았사오니 우리가 주의 손에서 받은
것으로 주께 드렸을 뿐이니이다

－역대상 29:14

여러분은 누구 것입니까? 내 것입니까? 내 목숨은 누구 것입니
까? 하나님 것입니다. 주님이 주신 것을 드렸을 뿐입니다. 그러니
교만할 것도 없고 건방질 것도 없고 자랑할 것도 없어요.

룻기에 보면 '보아스'라는 분이 나옵니다. 원래 보아스는 기업
을 이을 1순위가 아니었습니다. 원래 다른 사람이 있었지요. 그런데
그 사람이 나는 안 하겠다, 부담이 된다, 책임을 회피하니 보아스가
"네가 부담이 된다면 내가 할게." 하며 자신을 희생한 것입니다. 그

래서 보아스가 룻의 남편이 되어 그리스도의 조상이 되었습니다. 부담된다며 회피했던 자는 성경 속에 '아무개'라고 나오지요. 이름이 없단 뜻입니다. 성경은 이렇게 무시해버린 거예요. 직분을 맡는 게 부담스럽다고 피한 사람 아무개. 여기에도 그런 분이 있지 않습니까? 보아스를 보세요. 수천 년 동안 '보아스'라고 불리지 않습니까. 직분이 부담스럽지 않은 사람은 없습니다. 헌신을 해야 하니까요. 시간을 드리고 물질을 드려야 하니까요. 그게 바로 축복의 통로가 되는데도 하나님 앞에서 모든 게 부담되니 안 하려고 하는 거지요. 안 하면 '아무개'가 되는 겁니다.

하나님 앞에 헌신한 자들은 성경 속에 그 이름을 언급합니다. 로마서 16장에 보면 그 이름들이 쫙 나오지요. 로마서 16장, 골로새서 4장, 고린도전서 16장. 바울이 사역하며 헌신했던 사람들의 이름이 모두 나옵니다. 또 다윗의 용사들 명단이 사무엘하 23장에 나와 있습니다. 역대상 11장에는 다윗과 함께 헌신했던 이들의 명단이 나옵니다. 그렇게 헌신한 사람들의 기록이 성경 속에 나와 있습니다.

이렇게 헌신한 이들에게는 하나님이 100배의 축복을 주었습니다. 저는 이러한 헌신자들의 이름을 부르며 매일 기도합니다. 이분들에게는 무엇보다 100배의 경제 증거를 주십시오. 성경이 약속하지 않았습니까. 이분들이 바로 헌당할 분들입니다. 이분들을 축복하여 주옵소서, 기도합니다.

(2) 원니스(Oneness) 헌신

이에 모든 가문의 지도자들과 이스라엘 모든 지파의 지도자들과 천부장과 백부장과 왕의 사무관이 다 즐거이 드리되

-역대상 29:6

다윗이 전적으로 헌신하지요. 다윗이 자기가 최고로 헌신하고 따라서 지도자들도 헌신하고 그 다음에 가문의 지도자들, 지파의 지도자들, 천부장 백부장 왕의 사무관, 왕의 직원까지 다 헌신했다고 나와 있어요. 그것도 기쁨으로 즐거이 드렸다고 나와 있습니다. 그러니까 왕만 한 게 아니고 모든 장관들 모든 직원들까지 전부 다 드렸다는 것입니다.

백성들은 자원하여 드렸으므로 기뻐하였으니 곧 그들이 성심으로
여호와께 자원하여 드렸으므로 다윗 왕도 심히 기뻐하니라

–역대상 29:9

여기 보면 백성들이 성심으로, 여호와께, 자원하여, 드렸다 그랬
습니다. 성심으로, 참 중요하지요? 여러분이 하나님께 헌신할 때 하
나님께 기쁨으로 드리시기 바랍니다. 내가 진짜 하나님께 헌금 드
리니 너무 좋다, 저는 매주일 이렇게 느끼거든요. 하나님께 드릴 수
있는 게 있어서 감사합니다. 너무 감사하지요. 어떻게 내가 감히 하
나님께 뭘 드립니까. 하나님이 뭐가 부족해서. 하나님이 이 땅에 복
음을 전파하기 위해 필요하기 때문에, 필요한 현장에 내 몸을 드리
고 내 삶을 드리고 내게 있는 것을 드리는 것입니다. 그렇게 함으로
써 하나님이 기뻐하시는 이 축복을 여러분이 다 누릴 수 있길 바랍
니다.

초기 한국교회에 놀라운 헌신의 이정표가 있어서 한국교회가
부흥된다는 소문이 났어요. 그때가 1910년이었는데, 중국에서 선교
를 하던 선교사가 한국교회에 어떻게 부흥이 일어났는지 궁금해서

한국을 방문했습니다. 그때 방문한 곳이 평양 교회였는데, 당시 평양은 동양의 예루살렘이라고 불렸습니다. 대단했지요. 현장에 와본 선교사가 부흥의 이유와 결과를 기록했습니다.

'선교사들이 헌금에 대한 설교를 하지 않았다. 설교하지 않아도 소 팔고, 시계 풀어서 헌금을 드렸기 때문이다. 더 드리지 못해서 우는 성도가 많았다. 이런 사람들에게 어떻게 헌금 설교를 할 수 있겠는가. 초라한 마음으로 살지 말고 영광스러운 믿음의 사람이 돼라.'

이렇게 이 선교사가 기록했어요. 그리고 한국교회의 전도에 대해서 이렇게 표현했어요.

'한국 선교사의 사역을 배우고 싶었다. 한국 선교사는 전도하지 않았다. 왜냐? 성도들이 다 전도했기 때문에 선교사가 할 일이 없었다.'

이해가 안 되지요? 평양에 있는 초기 교회들이 그랬습니다. 선교사가 할 일이 없었어요. 전부 자발적으로 헌신했습니다. 말이 필요 없지요. 헌신하고 전도하니 선교사가 할 일이 없습니다. 한마디로 믿음의 승부사, 현장의 승부사, 헌신의 승부사였습니다.

헌신의
이정표

(1) 본당 헌당

우리 교회의 기도제목은 본당 헌당입니다. 하나님 언제쯤 선교
현장에 제대로 갈 수 있겠습니까? 저는 계속 기도합니다. 지금은 전
교인이 십일조 운동을 해야 할 때입니다.

만군의 여호와가 이르노라 너희의 온전한 십일조를 창고에 들여 나
의 집에 양식이 있게 하고 그것으로 나를 시험하여 내가 하늘 문을
열고 너희에게 복을 쌓을 곳이 없도록 붓지 아니하나 보라

만군의 여호와가 이르노라 내가 너희를 위하여 메뚜기를 금하여 너희 토지 소산을 먹어 없애지 못하게 하며 너희 밭의 포도나무 열매가 기한 전에 떨어지지 않게 하리니

너희 땅이 아름다워지므로 모든 이방인들이 너희를 복되다 하리라 만군의 여호와의 말이니라

−말라기 3:10−12

온전한 십일조를 말합니다. 우리 교회는 전 성도가 십일조 운동을 하게 되면 본당 헌당이 빨라집니다. 전 성도가 십일조를 하시기 바랍니다. 십일조는 하나님의 축복의 약속입니다. 동시에 복음경제 회복의 씨앗이에요. 씨앗을 뿌려야 열매를 맺어요. 여기에 중요한 원칙이 있습니다. 하나님의 집에 드리는 것입니다. 내가 섬기는 교회에 십일조를 드려야 합니다. 그래야 나머지는 하나님이 책임져 주십니다.

십일조를 하는 하나님의 자녀에게는 네 가지 완벽한 축복의 통로가 있습니다. 첫째, 구약시대에는 농사를 지었잖아요. 하나님이 축복하시면 곡식을 쌓을 곳이 없을 만큼 부어주겠다고 했습니다. 둘째, 재앙이 있었지요. 그래서 재앙 막을 복을 주겠다고 했습니다.

질병과 재앙을 막는 복을 주시는 거죠. 셋째, 보장하는 복을 주겠다고 했습니다. 내게 십일조를 드리면 보장을 해주겠다. 마지막으로 인정받는 복입니다. 모든 사람들에게 인정을 받는 것도 살면서 중요하거든요.

저는 어린 렘넌트들부터 십일조의 축복을 받도록 가르쳐야 한다고 생각합니다. 가족이 대표로 하는 것이 아니라 아이들이 각자 할 수 있도록 가르쳐주세요. "네가 네 손으로 하나님께 드려라." 저는 어려서부터 어머니로부터 그것을 배웠습니다. 교회에 갈 때마다 헌금을 다리미로 다려주시면 그걸 들고 갔습니다. 들고 갈 때마다 "하나님은 좋겠네. 맨날 돈 받고." 했지요. 저는 용돈도 없었는데 주일이 되면 어머니가 지폐를 줍니다. 하나님께 드리라고요. 어려서부터 교육시키기를 바랍니다. 이것은 평생을 가고 삶을 보장합니다. 금액과는 상관없습니다. 하나님 앞에 믿음으로 하시기 바랍니다. 여러 종류의 헌금이 있는데 거기에도 다 다른 의미가 있습니다. 어려서부터 헌금을 드리는 습관을 갖게 해주시길 바랍니다.

네 보물 있는 그 곳에는 네 마음도 있느니라

－마태복음 6:21

굉장히 중요한 말이에요. 이 시대의 돈은 하나님과도 같습니다. 아무리 믿음이 좋아도 돈 얘기만 나오면 흔들리지요. 왜 그렇습니까? 보물이 있는 곳에 마음이 있어서 그렇습니다. 누가 교회를 위해 가장 많이 기도합니까? 이 교회에 가장 많이 헌신한 사람이 가장 기도를 많이 합니다. 지나가다 간판만 봐도 눈물이 나고, 이 좋은 성전에 앉아 성도들이 예배 드리는 모습만 봐도 눈물이 납니다. 헌신을 많이 한 자들의 특징이에요. 금액은 결코 중요하지 않습니다.

(2) RUTC 운동

RUTC가 무엇입니까? 풀어쓰면 Remnant Unity Training Center입니다. 즉 렘넌트인 우리 후대들이 하나 돼서 훈련을 받고, 하나님의 일에 쓰임 받는 장소이지요. RUTC는 전 세계에 세워져야 합니다. 7가지 재앙 막는 운동, 3시대 막는 운동, 여기에 모든 치유 서밋이 일어납니다. RUTC 운동에 쓰임 받는 여러분 되시길 바랍니다.

맺는 말

　'윌리엄 보덴'이란 유명한 미국 선교사가 있습니다. 이분이 남긴 세 마디가 아주 유명하지요. 윌리엄 보덴은 아주 부잣집 아들이었습니다. 고등학교 때 받은 유산만으로도 이미 백만장자였거든요. 아버지가 얘기했습니다. "세계를 여행해봐라. 너는 앞으로 큰 기업을 해야 하니 너의 눈을 넓히고 세상을 돌아보아라." 그래서 보덴은 세계여행을 하게 됩니다. 그러다가 이집트에서 꽂혀버린 거예요. 나보다 불행한 사람이 너무 많구나, 나같이 잘 태어난 사람보다는 가난한 사람이 훨씬 많구나 하고요. 신앙인이었기에 이집트를 위해 헌신해야겠다는 마음을 가지고 결단을 했습니다. 이 결단을 할 때 했던 세 마디가 매우 유명합니다.

'No Reserve.' 아무것도 남기지 않는다.

그는 이 말을 성경에 기록하고 공부를 시작했습니다. 예일 대학과 프린스턴 대학을 졸업하고 선교사로 가겠다고 하니 주변에서 말렸습니다. 그러자 그가 말합니다.

'No Retreat.' 절대 후퇴하지 않는다.

그렇게 보덴은 이집트로 향했습니다. 자기가 받은 유산 전부를 모슬렘 복음화를 위해서 헌금하고 그는 선교사가 되어 이집트에 갔습니다. 그리고 얼마 되지 않아 질병에 걸려 26세에 죽게 됩니다. 죽으면서 한 말이 바로 이것이었습니다.

'No Regret.' 결코 후회하지 않는다.

여러분, 꼭 기억하시기 바랍니다. 아무것도 남기지 않는다. 절대 후퇴하지 않는다. 결코 후회하지 않는다. 이 세 가지가 바로 승부사 인생에 남아 있어야 할 말일 것입니다.

나는 선한 싸움을 싸우고 나의 달려갈 길을 마치고 믿음을 지켰으니

이제 후로는 나를 위하여 의의 면류관이 예비되었으므로 주 곧 의로

우신 재판장이 그 날에 내게 주실 것이며 내게만 아니라 주의 나타

나심을 사모하는 모든 자에게도니라

－디모데후서 4:7-8

여러분, 선한 싸움 싸우시기 바랍니다. 우리는 하나님의 군대예요. 영적 군대입니다. 우리는 싸워야 됩니다. 군인은 싸우는 겁니다. 무슨 싸움이냐? 바로 영적 싸움이에요. 현장 가서 싸워야 돼요. 나와 싸워야 돼요. 현실과 싸워야 돼요. 그래서 영적 싸움을 하세요. 믿음을 지켰으니 하나님께서 상급을 주실 것입니다. 영혼에 새기길 바랍니다.

'남김없이 후퇴 없이 후회 없이.'

신앙생활을 하며 가장 영광의 면류관을 받는 성경적 승부사들이 되시기를, 주의 이름으로 축복합니다.

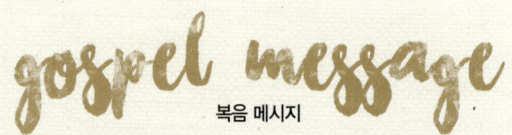

gospel message
복음 메시지

1. 원래 인간
Original man

| 하나님 | ———— | 창1:27~28/하나님의 형상 인간 | ———— | 인간 |
| God | | Gen.1:27-28/Created in the image of God | | Man |

2. 문제가 생김
A problem
occurred

인간이 범죄함(창3:1~6, 롬3:23, 요8:44) Man sinned.(Gen. 3:1-6, Rom. 3:23, Jn. 8:44)

| 하나님 | ———————— | 원죄 | ———————— | 인간 |
| God | | Original Sin | | Man |

3. 유일한 해결책
The unique solution

하나님만이 이 문제를 해결하심 Only God can solve the problem.

오직 한 길
예수 그리스도
The only way
Jesus Christ

성도의 축복 7가지

❶ 하나님의 자녀(요1:12)
Children of God (Jn. 1:12)

❷ 성령내주, 인도(고전3:16, 요16:13)
Indwelling and guidance of the Holy Spirit
(1Cor. 3:16)

❸ 기도응답, 성령충만(요16:24, 눅11:13)
Answers to prayer, Filling of the Holy Spirit(Jn. 16:24)

❹ 흑암세력 꺾음, 성도의 권세(눅10:19~20, 막 3:15)
Forces of darkness bound, Authority of the believers(Lk. 10:19-20)

❺ 천사 도움(히1:14)
Help from angels(Heb. 1:14)

❻ 영생, 천국 시민(요5:24, 빌3:20)
Eternal life, Heavenly citizenship(Jn. 5:24)

❼ 세계복음화, 전도의 축복(마28:18~20, 행1:8)
World evangelization, the blessings of disciples(Mt. 28:18-20)

선지자
(요14:6)
True Prophet
(Jn. 14:6)

제사장
(롬8:2)
True Priest
(Rom. 8:2)

왕
(요일3:8)
True King
(1Jn. 3:8)

불신자상태 6가지

❶ 마귀의 자녀(요8:44)
Children of the devil(Jn. 8:44)

❷ 마귀의 종노릇, 우상숭배(엡2:2)
Slaves of the devil, Idol worship(Eph. 2:2)

❸ 정신이 시달림(엡2:3)
Mental suffering(Eph. 2:3)

❹ 육신의 고통(행8:4~8)
Physical suffering(Acts 8:4-8)

❺ 죽음과 지옥 심판(눅16:19~31)
Death and the judgment of hell(Lk. 16:19-31)

❻ 영적인 유산(출20:4~5, 고전10:20)
Spiritual Inheritance(Ex. 20:4-5)

4. 기도를 통하여 예수님을 영접

Whoever believes in Jesus Christ and accepts him will receive salvation.

❶ 영접(요1:12) Acceptance(Jn.1:12)

❷ 시인(롬10:9−10) Confession(Rom. 10:9-10)

❸ 지금(잠27:1) Right now(Pr.27:1)

영접기도
Acceptance Prayer

사랑의 하나님, 나는 죄인입니다. 인생이 어디서 와서 무엇을 하다가 어디로 가는지 알지 못하고 방황하며 살았습니다. 지금 마음의 문을 열고 예수님을 구주로 영접합니다. 내 안에 들어오셔서 나의 주인이 되어 주시옵소서. 나의 과거에 지은 죄, 현재에 짓는 죄, 미래에 지을 죄까지 다 십자가의 보혈로 씻어서 용서해 주시고 나를 하나님의 자녀 삼아 주심을 감사드립니다. 지금부터 천국 가는 그 날까지 인도하여 주시옵소서. 예수님의 이름으로 기도합니다. 아멘.

Father God, I'm a sinner. I have lived my life the way I wanted to until now. But now I believe that Jesus is the Christ who died on the cross and resurrected to forgive all my sins. I open up my heart and receive Jesus as my Savior and Lord. Please come into my heart and guide me forever. In Jesus Christ's name I pray. Amen.

5. 하나님 자녀의 5가지 확신

5 Assurances of God's children

❶ 구원의 확신(요일5:10−13) Assurance of Salvation (1Jn.5:10-13)

❷ 기도응답의 확신(렘33:1−3) Assurance of Answered prayer (Jer.33:1-3)

❸ 인도의 확신(잠3:5−6) Assurance of Guidance (Pr.3:5-6)

❹ 사죄의 확신(요일1:9) Assurance of Forgiveness (1Jn.1:9)

❺ 승리의 확신(고전10:13) Assurance of Victory (1Cor.10:13)

6. 다락방연결:

1주일에 한 시간, 시간과 장소를 정하고 성경공부 지속

Join a Darakbang meeting ; a continual Bible study at a set time and location every week

승부사 인생

펴낸날 | 초판 1쇄 2018년 8월 17일

지은이 | 정은주
펴낸이 | 지무룡
펴낸곳 | 가스펠북스
기획편집 | 정현미
출판등록 | 109-91-93560

주소 | 서울시 강서구 화곡로 63길 65, 101호
전화 | 02-2657-9777 팩스 | 02-2657-9719
홈페이지 | www.iyewon.org

ISBN | 979-11-950706-4-0 (03230)

이 도서의 국립중앙도서관 출판예정도서목록(CIP)은 서지정보유통지원시스템 홈페이지(http://seoji.nl.go.kr)와
국가자료공동목록시스템(http://www.nl.go.kr/kolisnet)에서 이용하실 수 있습니다.
(CIP제어번호: CIP2018023704)